0.5g의 영혼

0.5g의 영혼

1판 1쇄 펴낸날 2025년 07월 17일

지은이 허자경

펴낸곳 시와시학
펴낸이 송영호
대표 김초혜

주소 서울특별시 동대문구 망우로21길 45 (202호)
전화 02-744-0110(대표)
      010-8683-7799(핸드폰)
전자우편 sihaksa@naver.com(회사)
        sihaksa1991@naver.com(편집부)

출판등록 2016년 1월 18일
등록번호 제2021-000008호

ISBN 979-11-91848-29-8 (03810)
값 12,000원

* 저자와의 협의에 의해 인지를 생략합니다.
* 잘못된 책은 바꾸어 드립니다.

> 이 도서는 강원특별자치도, 강원문화재단 후원으로 발간되었습니다.

허자경 시집
0.5g의 영혼

■ 시인의 말

0.5g밖에 안 되는
시다

그렇지만

한 줄이라도 읽어주시리라
기대한다

2025. 초여름
채움터에서 허자경

차례

005   시인의 말

제1부 주방 벽에 걸린 채 붉은 상처

013   악의 불
014   은행나무도마
016   백목련
017   개복숭아꽃이 핀 빈집
018   홍시
020   묵나물이다 나는
022   공작단풍잎
024   유월의 아카시아꽃
025   나무팽이의 꿈
026   베란다의 소엽란
027   사과나무꽃과 바위
028   산62번지 간이역
029   4월의 반딧불
030   거인 아파트
032   새벽시장

제2부 저녁강이 깊이를 재는 시간

037 　주연배우의 양념들
038 　여섯 개의 얼굴
039 　허씨의 고독을 보았다
040 　이순耳順의 제비꽃
042 　치매의 강
043 　무지외반증
044 　낮과 밤, 그 여자
045 　박꽃의 초상
046 　평원동 노파의 손
047 　석류
048 　손지압기
049 　원형나사못
051 　지천명 커피포트
052 　초록거미
053 　노부부의 뒷모습

제3부 누군가 너의 껍질을 깨며

057 반추하는 서른 살의 강
059 늙은 맷돌호박
061 0.5g의 영혼
062 경포호
063 너울파도
065 말들을 타며 산다
066 엄매김밥
067 아우라지 처녀동상
069 닭알
070 횡단보도에서 심상
072 고로쇠나무의 수액
073 구두미화원 K씨
074 꽃을 굽는 저녁
076 도시에 사는 K씨의 일화
077 똥비누

4부 찬바람이 도시를 깨우는 길모퉁이

081 저녁달이 나의 길을 묻는 하루
083 한파주의보가 내린 날의 호수
085 어판장의 소묘
087 어머니의 굽은 등
088 5월의 드레스
090 겨울수박
092 백팔암자
093 붕어빵의 근황
094 장터국밥집
096 불평등의 등불
097 Na의 장편掌篇
098 나의 뒷모습에 대한 물음
099 봄
100 비오는 날 저녁에, 나는
102 겨울감자떡

103 시집 해설 | 심은섭

제1부
주방 벽에 걸린 채 붉은 상처

악의 불

그가
할퀴고 간 자리

노려보는
검은 그림자

5℃ 화상을 입은
작약

길 잃은
꿈

울고 있는 오후

은행나무도마

부엌 한 켠에 그가 물구나무로
홀로 서 있다

지난 그의 생을 다져낸 온몸의
칼의 흔적,
그 흔적은 세상을 읽어내는
힘의 상처다
나는 그 상처를 보았다 그러나
그의 눈물을 본 적이 없다
식칼이 그의 가슴을 후려쳐도
그 어떤 비명도 지르지 않는다

오히려, 오히려, 정말 오히려

암자의 목탁 소리를 낼 뿐이다
그 칼이 그의 몸에 칼집을 내도
그가 혼절한 것을 본 적도 없다
지금,
주방 벽에 걸린 채 붉은 상처를

아물리고 있다
열두 장의 달력이 뜯겨 나가고
그의 이마 위로 핏빛보다

더 붉은 노을이
허리가 굽은 채 지나가고 있다

백목련

너는
순결의
흰 새

흰 분
치레한
삐에르

나의
첫사랑
보다

더
차가운
상처

개복숭아꽃이 핀 빈집

그곳에도 참살구꽃은 피었으리라
일곱 개의 어린 신발의 울음소리
열대야가 심한 밤엔 가난을 삶는
냄새가 가득했으리라
달빛도 마당에 내려와 함께
가난을 먹었으리라
허기진 아이들의 긴 울음소리에
뒷문은 떨어져 나가고
뒤뜰엔 어둠이 쌓였으리라
문고리마다 붉게 충혈된 눈물
몇 장의 달력을 찢어 낸
시간의 무게만큼
허물어져 버린 부뚜막
안방엔 어미의 야윈 울음소리가
횃대에 걸려 있다
모두가 떠나간 폐허의 운동장
오늘따라
소한의 푸른 눈이 가득한 마당
눈꽃이 핀 무릎을 구부리고, 나는
빈집을 바라보고 있다

홍시

아버지 산소를 다녀온 지도
오래되었다

묘지에 눈이 내렸는지,
잡초는 비석의 키를 넘었을,
뻐꾸기 울음소리는
시루떡처럼 쌓여 있는지,
산소길이 긴 장마로
끊어지지 않았는지,
번뇌가 숲처럼 무성한 날

내 꿈길을 밟고 걸어오신,
수척한 아버지의 모습에
기어이 산기슭을 오른다
지난겨울에 밟아 놓은
들짐승들의 발자국만
남아 있을 뿐
내가 상석에 올린 것은
그저 홍시 한 알,

산을 내려오는 그 시간,
발목에 맷돌을 단 듯한
태산 같은 내 업의 질량

묵나물이다 나는

무밭에서 생을 완성하고도
베란다에서 수행하는
시래기를 본다

그의 얼굴이 부처다
햇살도 곁에 앉아 있고
귀또리도 일찍 찾아와
합장을 한다
시래기의 오른손에
죽은 가을이 들려 있고
첫돌 된 겨울이 보인다
시래기를 처음 보았을 때
베란다에 매달려
허기를 잊은 불로초다
아니다
푸른 영혼이 눈부신
신神의 몸이다

수분을 가득 머금은 나는

좀처럼,
매매되지 않는 묵나물이다

공작단풍잎

한계령에 뒷짐 지고 서 있는
맨살 나뭇가지에
바보온달과 평강공주의
붉은 사랑의 징표가 걸려 있다

그들은
서리가 내릴수록 더 짙어지는
붉은 연리지 사랑,
동지섣달에도
더 뜨거워질
초승달과 개밥바라기별의
사랑,
한겨울의 한파가 수도꼭지를
동파시킬수록
이도령과 성춘향이의 동백꽃
사랑,

한계령 나뭇가지에 걸려 있는
그 사랑,

끝끝내
부패 되지 않는 아가페 사랑

유월의 아카시아꽃

 청밀이 익는 달, 그는 나뭇가지에 매달린 연등이다

 하얀 면사포를 쓰고 하얀 치아를 드러내고 웃는 너의 모습에 청노루의 살이 오른다 아니다 번뇌를 버리려고 허공을 입에 물고 수행 중인 동자승이다 붓다가 오시는 걸까 그는 뒷골목을 밝히는 천개의 눈이다 그의 얼굴이 너무 눈부셔 차마 정면으로 볼 수가 없다 산그림자가 내 무릎 아래로 몰려올 때면 그는 침묵으로 법문을 외며 돌탑을 돈다 개기월식에도 꺼지지 않는 달이다 젖을 물리려고 집으로 가는 산짐승들의 발등을 비춰주는 금성이다 칠흑의 밤으로 채워진 나의 동굴마저 한낮이 된다

 그들은 유월 경전의 활자다

나무팽이의 꿈

돈다는 것은 나의 천형이다
돌아야 한다
그러므로

누구든 내 몸을 마음껏
채찍을 해 다오
차디찬 고통이 없이는
돌 수도, 일어날 수도
없는

나는 돌고 또 돌아야 한다
어떠한 채찍도
어떤 절벽을 걸을지라도
돌아야 한다

그러할 때 나는 완성된다

베란다의 소엽란

돌 위에서 살아나야겠다고
두 다리를 버티고 있다

돌 위의 소슬바람 소리에도
공포를 느끼며
얼마나 오금이 저렸을까

천 길 낭떠러지를 안고
사는 하루, 아니다
삼백예순날이 흰 불안이다

태풍에 꺾여도
천둥소리에 정신을 잃어도
너가 눈물을 흘리는 것을,

나는 본 적이 없다
너는 나의 진정한 랍비다

사과나무꽃과 바위

 나의 정원에 사과꽃과 바위가 서로 마주 보며 살고 있습니다

 사과꽃은 바위를 만나려고 봄부터 초록 잎으로 단장하고 입술에 붉은 립스틱을 바릅니다 바위는 사과꽃에게 근엄한 자세를 보이지만 꽃과 바위는 만날 수가 없습니다 이동을 할 수 없는 사과꽃은 벌이나 나비를 불러와 바위의 안부를 묻습니다 바위는 바람이 날려보낸 꽃의 향기를 맡으며 삽니다 겨울이 오면 편지를 쓸 수 없는 사과꽃은 맨몸으로 바위를 바라보고, 바위는 차가운 얼굴로 꽃을 바라봅니다 가끔, 흰 눈이 내리면 흰옷을 입고 하얀 사랑을 확인합니다 사과꽃과 바위는 봄이 오면 나비가 날아와 긴 안부를 전해주길 날마다 기도합니다

 그 무엇 하나 도움이 되지 못한 마음에 밤마다 나는 커튼을 열고 정원을 바라만 봅니다

산62번지 간이역

KTX는 정차하지 않는다 그곳엔 시간마다
완행열차만 정차한다
그래서 지붕이 낮은 집들이 살고
골목마다 접동새 울음소리만 가득하다
대합실의 긴 의자 사이엔 봄을 잃어버린
고독이 끼여 있다
매표원 손톱엔 때 이른 봉선화가 피고
상수리 나뭇가지에 야윈 낮달이 걸려 있다

내일이면 완행열차마저 정차하지 않는다
만남과 이별이 사라질 곳
역이 사라진다는 것을 눈치챈 흰 바람이
이미 개찰구로 빠져나간다
저녁 안개가 대합실의 입간판을 에워싼다
레일을 밟는 바퀴 소리를 듣고 살던 역등이
파란 혈색을 보인다
모두가 가라앉는다 모두가 사라지는 지금,

역사는 오랜 시간 속으로 번지를 잃고, 난
나를 버리고 있다

4월의 반딧불

밤 열두 시,
아직도 전등이 켜 있는 집

전등을 켜 놓고
구멍 난 양말을 꿰매며
누구를 기다리는
저 여인은 누구일까

사랑방에 앉아
나의 젖은 영혼을 받칠
화문석 돗자리를 짜는
사내는 또 누구일까

새벽이 되어도
전등불을 끄지 못하는 집

거인 아파트

우두커니 서 있는 회색빛 거인의
창문이 나를 바라본다

복도 끝 이웃의 얼굴은 낯설고
눈길이 마주칠 때면 서로
비에 젖은 갈대 같은 고독을 은닉한다
총알도 들어올 수 없는 벽
어두움도 나갈 수 없는 감옥이다

가끔 고요가 습관처럼 스며들어
내가 마른 명태처럼 살아간다

창문 하나에 불빛도 하나,
간간이 들려오는 TV의 목소리
나도 허공의 외기러기다
그 벽으로 사람들은 섬이 되고
바람에 찢기는 깃발이 된다

낯선 바람의 발자국 소리만 들어도

나의 체온이 올라갈 것만 같은
콘크리트 벽

새벽시장

어슴푸레한 불빛 아래
상인들의 목소리가 울려 퍼진다
태양이 맨 먼저 찾아오는
사랑방,
나무들이 선잠을 터는 시간이다

손끝에 내려앉은 얼음의 공기
잠을 설친
좌판 위에 누운 간고등어
동이 트는 눈빛으로
일상의 대문을 열어젖힌다

지난밤에 어둠을 이겨낸
채소들이 리어카에 실려
어둠에 실금을 내며 모여든다
햇살이 묻은 당근을 놓고
5시와 6시가 흥정을 한다

이곳은

사람과 호박 사이에 걸터앉은
나의 출발점이다
사람과 사람을 잇는 생의 현장,
인정의 꽃이 피어난다

제2부
저녁강이 깊이를 재는 시간

주연배우의 양념들

잡채를 조리하려고 미스당근, X양파언니, A^{++}소고기오빠들이 모여들었어요

양파는 지랄떡 같은 정치인들의 혈압을 끌어내리라는 역할을 부여받았고, 두 시력을 잃은 갯바람을 위해 당근이 비타민A 덩어리를 가져왔어요 악어들의 악을 부러뜨리려면 당면과 당면 사이에 썩은 욕망을 숨겨두어야 해요 한파주의보가 내린 1월인데도 목도리를 한 목이버섯이 찾아왔어요 치과에서 임플란트를 끝낸 시금치도 비타민C를 입에 물고 왔어요 하루 일당을 전액 기부하겠다는 당면도 참여했어요 주름꽃이 핀 호박은 1박 2일 걸어왔대요 나는 양푼이의 운동장에 모인 그런 양념들이 엑스트라인줄로 착각했지요 그러나,

양념들은 잡채꽃을 피우는 주연배우였구요
나는 소금에 절여진 배추였어요

여섯 개의 얼굴

흑백사진 한 장이 벽에 걸려 있어요

육남매의 얼굴이 모두 초생달이네요
그들은 꽃의 꽃으로 피어 있지요
입가엔 청보리빛을 닮은 웃음이 있고
손에 잘 익은 라일락향기도 있어요
머리카락은 세느강의 잔물결처럼
노모의 주름 속으로 휘날리고
눈빛은 어둠 속의 등불로 켜 있어요
그들은 한파주의보가 내려도 맨발로
둥지를 찾아온 굴뚝새들이고
그들의 얼굴과 얼굴 사이로 아버지의
강이 흘러요
그 손금마다 노모의 허기가 배여 있고
그들의 이름과 이름 사이로
내가 지나가고,

저녁연기처럼 해설피 웃자라나는
내 유년의 푸른 기억이 되살아나는 밤

허씨의 고독을 보았다

홀로 담벼락을 오르는 한 줄기 담장넝쿨이다

깃발이 깃대에서 홀로 펄럭인다는 것도, 낮달이 민낯으로 떠 있는 일도, 텅 빈 주차장에 승용차가 엎드려 있는 것도, 모두가 고양이 발톱을 닮은 허씨의 고독이다

그 고독은 닭장 횃대에 거미줄이 철망처럼 얽혀 있고, 외딴집의 국적을 알 수 없는 잡초들이고, 저녁 바람이 대문을 흔들어 놓고 가는 일이고, 암자로 오르는 여승의 뒷모습이다

산이 산을 업고 있는 암자에 인적이 끊어지고 나무들의 발목이 운무에 묻혀도, 석등이 졸고 있는 것도, 바다로 떠나간 강물이 나를 찾아오는 것도, 나의 단단한 고독이다

빈 병에서 바람 소리 들리는 하얀 시간이다

이순耳順의 제비꽃

열여덟 살 되던 그날 오후, 이 제방뚝으로
봄바람을 타고 시집을 왔지요

한겨울에 그녀에게 온기를 전달해 줄
나비넥타이를 맨 느티나무는 부재중이에요
그녀는 저녁마다 불을 지펴
빈 가마솥에 어둠을 끓이며,
황무지 밭고랑을 향해 늘 이마를 대고
살아가지요
더한 것은 손바닥에 시멘트 같은 군살이
바둑알처럼 박혀 있어요
허기진 날들로 그녀의
온몸에 어둠의 길이 나기도 했었지요
손톱이 다 빠지고
온몸에 극빈이 긁어댄 자리가 선명해요
정강이의 흰 뼈가 보이도록 걸어온 그녀,
그러므로 다섯 손가락의 입가에
팝콘의 웃음꽃이 팡팡 필 수 있었지요

홀로 건너던
시간의 강이 밤바다에 다다를 쯤, 그녀를
정면을 바라보았을 땐 꽃이었어요
아니에요
나를 위해 기도하는 고독한 수녀였어요

치매의 강

컴퓨터보다 기억이 정갈하던 시절이었다
백설공주 거울보다 투명하던 기억들,
지금은 백태가 낀 밤거리다

늦은 저녁, 그의 머리에 흰서리가 내려
기억은 망각의 강을 건너고 있다
북천으로 가는 슬픈 기억들의 울음소리
그곳으로 떠난다는 것은 지상의 모든
발자국을 지우는 일이다
뒤뜰 감나무와 이별이고,
말없이 돌아앉아 있는 먼 산과의 이별이고
오후 3시와의 마지막 만남이다

기억을 하지 못한다는 것은 빈 외양간이다
흙으로 돌아가는 길
사람이 찾지 않는 폐광이 되는 일이다

무지외반증

발가락은
가라면 가고, 오라면
오는

종인 줄
알았으나
발가락이
나를 떠받들고 산다

그것도 모르고 사는
나는
정신이
쑥 들러빠진 맹물의
여자

낮과 밤, 그 여자

낮은 도둑이 은둔하는 시간이고
     개미들의 이동이고
     부엉새의 굶주림이고
     해바라기의 식사 시간이고
     아버지의 이마이고
     옥탑방 고양이의 졸음이고
     거미가 어망을 던지는 시간이고
     오후가 오후를 닦는 시간,

밤은 박쥐들의 저녁 시간이고
     가등이 발등을 비치는 시간이고
     달맞이꽃이 웃음을 파는 시간,
     어미새가 새벽을 부화하는 시간이고
     저녁강이 깊이를 재는 시간이고
     술독의 술이 취하는 시간이고
     군불을 통과하는 구들장이고
     개밥바라기별이 죽어간 시간,

여자, 그 두 얼굴 사이에 끼여서
     산다

박꽃의 초상

그는 어두운 밤에만 기도하는
성녀,

빈 쌀독일지라도
육남매의 푸른 꿈을 피우려는
새벽 성좌,

어둠의 보석,
모정을 함부로 드러내지 않는
얼음장 같은 여신

그녀가 흰 얼굴로 피어나면
어둠이 어둠에 갇히고
나도 4월이 된다

그는 생의 마지막 페이지를
넘기고,
부활하는 또 다른
대천사다 그녀를 닮고 싶다

평원동 노파의 손

나무등껍질 같은 그의 손마디는 사관이 내려쓴
한 권의 역사책이다
나의 번뇌를 물리친 생손이다

모가지가 늘어진 런닝셔츠처럼 세월이 남긴
겨울바다빛 상처, 그 손마디이다
야윈 만월의 그녀는 극빈의 숲길을 걸었고
다락논 같은 이마의 황금빛 잔주름이며,
머리에 은관을 쓴 지금이라도
청동 가슴에 성근 별 하나를 달아드리고 싶다
여섯 손가락이 탈없이 보릿고개를 넘어가라고
달도 잠든 새벽에
베틀에 앉아 가죽 같은 운명의 천을 짜던 그녀,
얼굴에 검버섯이 지천으로 피어 있다
마른 가슴에 배나무 꽃이 세 번 피었다 졌다
그녀는 시간에 짓눌려 휘어진 등을 짊어지고
북망산 서쪽으로 점점 기울어지고 있다

그믐달로 사라져 가는 그를 바라만 보던 나도
초음속 화살의 시간으로 하얗게 허물어지고 있다

석류

저토록 가슴이 뻐개지도록
붉은 사랑을 해 본
사람이 있을까
붉다는 것은
한 줌의 고뇌
인고의 시간이다
허공에서
살갗을 태운
검붉은 보석의 사랑

나는 매미처럼 뜨겁게
사랑가를 불러 본 적이 없다
그러나
너는 허공에 매달린 채
객혈을 하며 쓴
장문의 붉은 편지,

가을 하늘도 너를 따라
핏빛으로 불타고 있다

손지압기

그의 고통은 나의 안락이다 그의 바늘은
바늘이 아니다

그것은 내 몸속 어둠을 몰아내는 진압군,
나를 지키려는 날카로운 눈빛들,

빙하보다 차갑다
그러나 그가 지나가면 내 몸에 봄이 오고

저물었던 나의 웃음이 스스로 피어난다
오늘도 나는 그의 온몸을 조인다

그의 온몸을 조일수록 내 몸의 흰 피는
영혼을 닦으며 노래를 부른다

늦은 밤, 그는 나를 물끄러미 쳐다본다
내 손이 문어발처럼 또 그를 조인다

실과 바늘처럼 오늘도 또다시 그와 함께
연리지 동행을 하고 있다

원형나사못

그가 회전을 한다
그것은 헐거워진 나를 조이는 일이다

부러진 식탁의 다리, 둘을 하나로
맺어준다
그는 구름과
태양을 일직선으로 고정하여
그늘을 짠다
산과 산을 걸터앉은
간이역의 긴 의자가 품고 있는
이별과 이별을 연결한다
그는 북쪽을 바라보는 임진강철교의
슬픔을 고정시키고 있다
아버지와 어머니가 조여지고
고독한 수평선과 고독한
하늘이 조여지고
붉은 신호등과 푸른 신호등이
조우하고
고정된 시곗바늘, 이탈하지 않는다

고정된 숫맷돌과 암맷돌
그 사이에 5월의 내가 피어 난다

지천명 커피포트

그녀는 마작을 하다가 새벽에 들어오는
곰방대을 보면 부글부글 속이 끓어오른다

전자담배 입에 물고
온종일 카드를 긁어대는 낮달의 표정을 보면
또 그녀의 속이 뒤집힌다

한밤중에도
대낮에도
그녀는 몸에서 폭포처럼 용암을 뿜어낸다

꼬리를 흔들며
나를 와락 반기는 애완견을 빼놓고서는
모두가 웬쑤다

잔소리에
곰방대도, 낮달도 큰 눈동자를 굴리며
거실 구석에 앉아 눈치만 살피고 있다

초록거미

두 발을 디딜 발판이 있는 것도 아니고
막막하지 않겠니
이 허공에서 저 허공까지
오로지 본능에 의해서 외줄을 타야 해
지상으로 수차례 곤두박질을 했겠지
너는 날지도 뛰지도 못하잖아
꼬리에서 내린 밧줄에 매달려 몇 시간을
생의 곡예를 해야 했어
얼마나 불안했을까 그런데도
집을 지어야 하는 힘은 오직 단 하나야
새끼 거미에게 젖 먹일 공간을 짓는 일
설계도면 한 장도 없이
점이 선이 되도록, 선이 면이 되도록
모유실을 완성 시켰지
태풍이 떼를 지어 와도 너는 견고해
오늘도 가족의 양식을 얻으려고
사통팔달의 길을 내고 있어
세상과 네가 내통하는 길이 되기도 해

노부부의 뒷모습

  어느 종합병원 검진센터 복도에
두 노인이 나란히 걸어간다

  그들의 등 뒤로 지난날에 건너오던 삶의 강이 흐른다 세찬 파도가 일렁이는 바다도 있다 그 뒷모습에 애증의 코스모스 몇 송이 피어 있고 그들의 등 뒤엔 한파의 신열을 내던 구공탄도 보인다

  때로는 생의 연기를 마시며 우는 날도 있었으리라 빈 밥솥에 얼굴을 묻고 우는 날도 있었으리라 한 손엔 붕어빵을 들고 또 한 손엔 빈 달을 들고 집으로 오던 저녁이 보인다 불혹의 막내아들 장가보내던 날도 보인다

  숱한 사연이 새겨진 뒷모습,
60년의 전쟁사를 써놓은 기록물이다

제3부
누군가 너의 껍질을 깨며

반추하는 서른 살의 강

어린 꽃잎이 되어 나는 지상으로 출현해요
오월 초엿샛날,

서른 살의 강가에서
나는 수국을 닮은 제비꽃을 낳아 길렀어요
물푸레나무 한 그루도 호적에 올렸어요
그 꽃을 장미답게,
그 나무를 강철무지개답게 키우려고, 나는
어미의 모루로 살았지요
꽃은 도시의 꽃이 되어 고층 빌딩에서
엘리베이터를 부르는 버튼으로 살지요
나무는 올리브나무밭에서 두 팔을 벌리고
그 나무의 우듬지로 살아요
피자 대신 붕어빵과
하이힐 대신 검정 고무신과 어깨동무하며
살았던 나는,
대문을 열어 놓아도 긴 칼을 찬 갯바람이
족보를 훔쳐가지 않는 집을 지었어요
태양이 찾아와 가난을 데워주는 궁궐이고

그 방으로 유년의 저녁이 또 찾아오면
외등이 길을 밝히면 푸른 기억이 살아나요

이제 60리를 걸어 왔어요
무수한 별들의 박수를 받아도, 여전히
내 등 뒤에선 고독이 독으로 퍼지고 있어요

늙은 맷돌호박

신발장 위에 오래된 맷돌호박의 그녀가 앉아 있다

그곳은 무인카페다
그 문을 여는 순간, 아랫목 같은 체온이 나의 저린 영혼을 감싸안는다

웃음꽃 핀 무릉도원이다 그래서 키오스크도 없다 차 한 잔을 마셔도 무료다 그녀는 모정의 강물을 나의 정맥으로 흘려보내고 박쥐들도 흰 이빨을 버리고 찾아오는 모항이다

내 유년의 흑백 필름들이 그 맷돌호박의 주름진 이마로 지나갈 때 그녀는 어두운 긴 터널의 등불을 켜 두었고 어지러운 세상의 풍문이 들릴 때는 내 귀의 창문을 닫아 준다

한 잔의 슬픔조차 달게 마실 수 있는 그곳, 아아, 그곳은 부러진 내 정신의 모든 것을 받아주는 곳, 그녀의 아가페 사랑이 꽃이 되어 내 몸속 가득 채워지

면 시름이 사라지는 그곳,

  그곳은 문이 있어도 문이 없는 마법의 성이다
  그는 나의 서투른 사주를 생각하며 열반에 들지 못하는 늙은 여승이다

0.5g의 영혼

마트에서 저울 하나 샀다

침묵이 1만 톤인 대관령
청빈이 2만 톤인 금강산
인내가 3만 톤인 울산바위
사랑이 4만 톤인 견우

영혼이 0.5g인 어떤 여자

경포호

호수는
어깨가 수평이라서 좋다

그것이라고
지존이 되고 싶은 마음이
어찌 없으련만,
전나무 우듬지처럼
옥좌에 오르고 싶은 마음
또 없으련만,
그러나
스펀지 같은 포옹
스스로 허리를 굽힌 몸

그래서
백조들이 찾아오나 보다

너울파도

한낮이다

어떤 사람이 모래 위에 증오라고
써 놓고 지나간다
파도가 밀려와 그 단어를 지워 버린다
모래사장은 하얀 도화지가 된다

북방물개들이 바윗돌에 울음을
새겨 놓고 돌아간다
파도가 밀려와 그 울음소리를
쓸어버린다 그때,
천둥번개가 검푸른 파도를 향해
멈추라고 소리친다

해안에 테트라포드가 두 발로
버티고 서 있다
날마다 파도가 밀어내도
어떤 미동도 없다
한낮에

별이 떨어져 죽었다는 풍문이 돌았다

한낮이 어둡다

말言을 타며 산다

균형이 기울어진 나의 말투는 투박한 질그릇 같은
생의 무늬다

말이 누구의 몸에 압정으로 날아와 박힌다는 것은
천년 동안 나을 수 없는 상처를 내는 일이다
내가 한 말은 수십 년 동안 도시를 돌다가
언젠가 나의 가슴에 부메랑처럼 돌아와 꽂힌다
늙은 나무의 가슴에 옹이가 많다는 것은,
수많은 말이 압정으로 날아와 입은 생의 상처다

험상궂은 말은 상처를 내는 거름이다
산기슭으로 돌아가 묘지에 기거하는 노모와
한겨울의 폭설에 팔다리가 뿌려진 목련 나무들,
길거리에 버려진 사금파리도
분리수거장에 동그마니 앉아 있는 낡은 접의자도,
할 말이 있으나 말을 타지 않는다

몰려온 먹구름에 상처를 입은 강물도
어금니를 꽉 깨물고 묵묵히 걸어가는 것을, 나는
두 눈으로 보았다

엄매김밥

맛을 연주하는 오케스트라다
입속으로 모여든 밥꽃들이다
리듬은 없다 그러나
혀가 춤을 춘다
무수리들의 궁궐 수라상이다
검은 패딩 차림으로
김발 속에 은닉한 여신들,
들기름의 반란도 보이고
오월의 숲으로 가는 종달새
가방에도 산다
간사한 혀가 실신할 만큼
허기가 사라진 새벽,
그는 내장 속의 꽃이다
밤톨 속의 알밤이고
동전 같은 궁핍을 면해 주는
누가복음 한 구절이다
상감청자다
울 엄매가 주고 간 혈액이다

아우라지 처녀동상

지금도 족두리를 벗지 못한 푸른 색시다
그녀는,
사내는 뗏목을 타고 한양으로 갔다
그날부터 한없이 서쪽만 바라보며 산다

수백 년이 지나도,
그녀는 그 자리에서 사내가 돌아오기를
새끼 새가 어미 새를 기다리듯 기다린다
사연을 기억하는 그 강물은 오늘도
몸을 적시며 흘러간다
괘종시계가 날마다 정오를 알리듯
시간에 맞추어 사내를 부르던 그녀,
몸이 굳은 채 서 있다
건너편 상수리나무도 식음을 전폐한 지
오래다 이젠,
구릿빛 뼈마디에 푸른 이끼가 피어 있다
시간의 눈물이 찌든 옷고름,
부엉새도 침을 꿀꺽 삼키며 날아간다

그 동상 위로 세월이 한없이 내려앉았다
구릿빛 머릿결이 은빛 갈대다

# 닭알

날마다
지상의 잠든 영혼을
깨우는
새벽종

누군가
너의 껍질을 깨면
허공에 뜬
달

너의 부리로
성벽을 부수고 나면
장엄 미사의
성체

횡단보도에서 심상

하얀 지평선 위로
신발끈과 끈이 만나는 곳
때로는
너를 만나려면
차선 밖에서 기다려야 한다

푸른 신호등의 불빛에 따라
이동을 한다
우리는 지나칠 때마다
서로의 눈빛을 읽는다

영하 20도의 아스팔트,
그 위로 지나가는
우리들의 뒤안길에 이별과
사랑과, 질병이 모여 산다

웃음도, 가난도
사라진 기억의 편린도
가슴속에 안고 있지만, 나는

태연하게 생의 다리를
횡단하고 있다

고로쇠나무의 수액

그가 바늘 끝 겨울바람 속에서
맨몸으로 견고하게 서 있다

눈보라를 견뎌 낸 그는
그의 몸속 정신의 우물에서
흰 피를 수혈하며
생의 네 박자를 부르며 산다

그는 어머니의 초유다
손마디가 굵어진 두 손으로
아침을 불러오는 어머니의
찬란한 눈물이다

그 눈물을 받아 마신 나는
내 몸속에 4월이 자라고 있다

구두미화원 K씨

골방 같은 구두 수선집에 낡은 구두
한 켤레 앉아 있다

구두약이 묻은 K씨의 손이
물고기떼가 뛰어오르듯이
구두코에서 춤을 춘다
클래식 음악을 들으며 흔드는
그의 머리채가 지휘자다
이 광경은 온몸을 불태워
세상의 빛을 내는 것,
한번 지나간 손으로는
내일이 밝아지지 않는다는 것을
안다, 그는
젊은 시절 밤새워 어두움을 닦아
세상이 백열등이다
어둠이 사라진 하얀 거리를 위해
그가 구두코를 가스불에 태운다
아니다
욕망이 한낮인 나를 태워야 한다

꽃을 굽는 저녁

신갈나무 아래에 숨겨진
한 토막의 전설이 자란다

지하로 내려간 기억들,
사연의 뿌리를 깊이 내리고
하늘을 향해 뻗은 영혼의 가지들
누구의 품으로 손을 뻗어야
영원히 동행할 수 있을까

사라진다는 것은
누구에게 주어진 1달란트이다
아무리 화려해도
열흘 동안 피어 있지 못하는
꽃이지만
시들어 갈 때도 웃음을 잃은
꽃이 없다

그러므로

꽃처럼 웃으며
소멸해야 하는 나는
늦은 밤에도 웃음을 구워 본다

도시에 사는 K씨의 일화

  도시의 가로등은 여전히 졸고 있고
K씨의 눈도 여전히 충혈되어 있다

  도심을 지키던 가로수가 뙤약볕에 쓰러진다 물끄러미 바라보던 낮달이 휴대폰을 꺼내어 동사무소에 전화를 한다 몇몇 직원이 휴대폰으로 현장을 찍고 아무 일도 없다는 듯이 돌아간다

  수익률이 좋다고 두 눈을 부릅뜨고 나무와 나뭇가지 사이에 널려 있던 금융기관의 현수막이 바람에 두 동강이로 찢어진다 담당 은행 직원이 찾아와 현장을 찍고 아무 일도 없다는 듯이 돌아간다

  늦은 저녁이 되어 가로수와 현수막이 보이지 않았다

  야근을 하던 K씨가 구급차에 실려 간다
아무도 뒤따르는 사람이 없다

똥비누

너는 내 손이 닿을 때마다
내 손을 빠져나가려는 몸부림의 여자

너는 내 눈빛이 닿을 때마다
나를 외면하는 푸른 눈을 가진 이방인

하지만

만질 때마다 소리 없이 작아지지만
너는

나의 오염된 영혼을 하얗게 씻어 주고
어디론가 사라진다

산다는 것은
하얗게 사라지는 일

이젠, 나에게로 다가와서 사라지려는
나를 안아 다오

제4부
찬바람이 도시를 깨우는 길모퉁이

저녁달이 나의 길을 묻는 하루

새벽은 나의 하루를 묻는 물음표이고
엄한 계획서이다

아침 6시,
직립의 정신으로 아파트 정문을 나선다
이것은 눈물로 쪄낸 하얀 태양과
갓 우려낸 땀,
누구나,
머리에 이고 사는 뭉게구름 한 덩어리,
모두 한 개쯤 안고 사는 피멍 든 바다와
약속된 팔월의 함박눈을 만나는 일이다

새벽의 주먹을 쥐며
서산을 넘지 못해 탈모증을 앓는 석양과
우울증을 앓고 있는 슈퍼마켓의 캐시박스,
선글라스를 쓴 쇼케이스의 장미꽃과
옥탑방에 홀로 있는 늙은 고양이, 그리고
속도에 중독된 나의 저녁을 생각하는
일이다

그런 숨 가쁜 생의 푸른 시간 속에서
집으로 돌아오는 길에 저녁달이
그 노동의 아우성을 묻고 있는 것 같다

한파주의보가 내린 날의 호수

두 눈을 감고 동면하는 줄 알았던
호수, 그 위로 어린 눈이 내린다

그는 찬 가슴이고
허기진 매의 눈초리인 줄 알았다
단단한 그의 수면은 언어를 잃어버린
실어증 환자인 줄 알았다
어지러운 세상에 무위도식하며, 사는
성자인 줄 알았고
낭만을 즐기는 오색등인 줄 알았다
아가미를 잃어버린 은어이고
낡은 시산 속의 낡은 은쟁반인 줄 알았다

아니다, 그게 아니다

연꽃이 핀 암자의 극락전이다
그의 품으로 날아든 외눈박이새들의
발자국을 거두어 주는 곳,
입술이 시퍼런 동토의 바람도 찾아와

휴식을 취하는 곳,
손발이 붉게 얼은 어린 눈꽃들이
스케이트 날로 그의 가슴을 지나가도
그는 잇몸을 드러낸 채 웃고 있다

난
그가 밀주에 취해 있는 줄 알았으나
얼음장 물고기들의 눈물을 닦아주는
겨울성자였다

어판장의 소묘

그곳에 가면
긴 장화를 신은 아낙들이 어망에 걸린
어둠을 손질한다

반쯤 눈을 감은 양미리들이 아낙을
힘없이 올려다본다
안방의 늙은 느티나무에게
즐거운 밥상을 드리려고
그녀는 물고기의 눈빛을 외면해야 한다
빌딩 숲속의 낮은 집에 사는 막내딸,
그들의 이마에 어둠을 닦아 주려고
그물에 길린 물고기들의 운명을
저울에 달아야만 한다
때론, 그녀의 가슴에 삭풍이 밀려오면
장작불이 겨울을 구워 낸다
달력에 사내의 기일이 적혀 있는 오늘,
정맥이 푸른 문어와 아직도 파도 소리가
귓밥에 가득 고인 명태를 들고 집으로
가는 그녀,

사글세 송금 날짜를 지키려고
온종일 고등어 지느러미에 매달려 있는
사막 같은 그녀의 손금 속으로
오늘은 눈이 내린다

그들의 거친 숨소리에 바다는 아침부터
검푸른 멍이 들기 시작했다

어머니의 굽은 등

저녁마다 눈에 들어오는 것은
부뚜막에 앉아 먼 산을 바라보는 어머니였다

굽은 허리로 다져진 노동의 시간들, 그 속에서
굳어진 물푸레나무의 근성과
미시시피강의 물줄기보다 더 긴 저녁기도가 있다
솔로몬의 지혜와 삼손의 힘을 가진 어머니는
언제나 섶다리 같은 등을 내게 내주었다
낯선 산길을 닮은 굽은 등
그곳엔 수백 그루의 청보리밭이 펼쳐져 있고
유월을 익히는 하얀 감자꽃, 그리고
강하구로 찾아오는 연어 떼가 보인다
그곳엔 청나비들이 춤을 추고
길을 잃은 바람의 울음소리도 몇 점 있고
내가 저 산을 넘을 수 있도록 이정표도 보인다

그 어머니의 등 뒤엔
내가 걸어가야 할 운명의 길이 직선으로 펼쳐 있다

5월의 드레스

드레스를 입고 결혼식장에 들어선다

강물이 축가를 부른다
은행나무가 노란 축사를 읽는다
너는 완성된 여신
용버드나무가 온몸으로 박수를 치고
거리의 샹들리에가 불을 밝힌다
이제는 10월의 강을 건너려고
근사한 양복과 팔짱을 끼고 서 있다
나는 웨딩마치가 끝난 자리에서
오래도록 너의 뒷모습만 바라볼 뿐,
이젠 너의 손을 놓아준다
나비넥타이와 둘이 걸어가며
초원에 물을 뿌리며 걷는 날도
사막을 걷는 날도 있으리라
하지만
너는 꽃을 피울 것을 믿으며 산다

숭어떼가 찾아온 지도 몇 해 지났다

그때
너는 만월이 되어 나를 찾아오리라

겨울수박

흑피수박 속에 가만히 누워 본다
그는 푸른 영혼을 위해
등을 태우는 태양이 필요했다
한낮의 잎사귀가 혼절해야
명품이 된다
꽃의 웃음소리도 있어야 하고
달빛 한 그릇도 필요하다
산제비나비도 날아들어야 하고
열대야, 그리고
양철지붕을 두드리는 우박들
한 됫박의 번개와 천둥소리,
앵두빛 몇 개의 사랑과
서너 개의 이별이 필요하다
머리채 휘감으며 싸우는 날도
악수하는 날도 있어야 한다
그에겐 은행을 찾아가는 날도,
행원이 찾아오기도 하고
설익은 한 접시의 상현달과
성근 별의 눈빛도 있어야 한다

첫눈에 손금이 젖는
한 줄 어머니의 새벽기도와
아버지의 가난한 헛기침 소리가
보석처럼 박혀 있어야 한다

백팔암자

108번뇌를 지우려는 노승이 천 배를
올리고 있다

그 시간에 어떤 보살이 찾아와 "아랫동네의 늙은
고라니가 죽어 가고, 혼자 사는 박첨지네의 굴뚝에
밥 짓는 연기가 나지 않는다"는 것과 "가뭄으로 강물
이 허연 등뼈를 드러내고 누워 있다"고 말했다

노승의 이마엔 축원기도의 시름만 늘어가고, 그의
이야기를 엿듣던 석등이 심지를 돋우며 긴 밤을 뜬
눈으로 지새운다 대웅전의 늙은 부처도 돌아앉은 채
아무 말이 없다

피죽 한 그릇 먹지 못한 그믐달조차
뜨지 않는다

붕어빵의 근황

찬바람이 도시를 깨우는 길모퉁이에
그가 사글세로 산다

연못으로 돌아가려고
몇 날 며칠 화덕에서 몸을 구웠으나
한 방울의 물도 얻지 못했다

한겨울의 빨랫줄에 걸린 빨래처럼
우는 날도 있었으리라
지하방에 4월이 찾아와도
꽃이 피지 않던 날도 있었으리라

좀처럼
축 처진 어깨가 펴지지 않은
나날들,
얼마나 더 영혼을 태워야
연못에 사는 금붕어가 될 수 있을까

장터국밥집

5일장이 열리는 낡은 국밥집은 늘
대문을 열고 놓고 산다

울음조차 내지 못하는 뻐꾸기시계와
관절이 부딪치는 의자들
한쪽 어깨가 늘어진 액자가 정겹다
배꼽시계의 신호로 그를 만나면
생의 울음마저 그친다
계곡에서 장 보러 온 야생화들이 모여
뚝배기가 깨어질 듯 잡담을 하면
국밥집에 저녁 꽃이 물감처럼 번진다
만추가 겨울에게 이별 잔을 권할 때
국밥은 노동자들의 어둠을 풀어 준다
백열등이 흔들리는 식탁 아래의 국밥이
그들의 몸속으로 스며들면
빨래판처럼 구겨진 이마가 펴지고
행복의 독이 고소하게 퍼진다
골목이 어둠으로 가득 채워지면
국밥집 식탁 위에

삿대질하던 육두문자 한 바가지와
땀으로 절여진 소금꽃을 벗어놓고
저녁 바람이 돌아간다

저녁 해가 서쪽으로 몹시 기울어진다
동전들은 등에 달빛을 가득 지고
아랫목이 피어나는 둥지로 걸어간다

불평등의 등불

사람과 사람 사이엔 수평이 없다

누군가에게
동트는 새벽이 다가오고 있지만

나에겐
달빛조차 닿지 않는 어둠이 있다
누구는

그곳에서 긴 바캉스와 긴 천렵을
만끽하고 있다면, 나는

어두운 그늘에서 차가운 밤을
가슴에 품고 있다

비록 불평등의 등불이 밝아 온다
하여도,

그 등불을 안고 나는 가야 한다

Na의 장편掌篇

속리산 정기를 받아 보은 수한리에 나타났다

능소화가 되려고 태양의 등을 태웠으나 나는
호박꽃이 되었다
나는 서른 살 태양이 되려고 속리산에 올라가
긴 장대로 하늘을 휘저었으나
개기일식하는 태양을 겨우 한 개 주워 왔다

청보리빛으로 살아 보려고 나는
암자의 처마끝 풍경으로 울기도 했고
초음속의 열차로 도심을 관통해 보기도 하고
고층 빌딩의 피뢰침으로 살기도 했으나,
오직, 지갑 속의 표독한 고독 한 장뿐이다

어느 날, 소금강계곡을 따라 올랐다
구룡폭포가 아래로 뛰어내리는 것을 보았다
그것은 자결이 아니라 부활이었다
아래로 내려간다는 것은 끝이 아니라, 또
다른 시작이었다

나의 뒷모습에 대한 물음

나의 뒷모습에 어떤 생의 복숭아꽃이 피어 있을까
나의 뒷모습에 물떼 소리 들리는 강이 있을까
나의 뒷모습에 채석장 석공의 망치 소리가 들릴까
나의 뒷모습에 귀가하는 일개미들의 발자국이 보일까
나의 뒷모습에 전등이 켜진 저녁이 있을까
나의 뒷모습에 나와 함께 동행하는 어떤 구두일까
나의 뒷모습에 한여름을 붉게 태우다 죽은 매미가 있을까
나의 뒷모습에 혹한과 싸우던 매화 향기가 살아 있을까
나의 뒷모습에 몇 그루의 사과나무가 자라고 있을까
나의 뒷모습에 아침을 깨우는 나팔꽃이 피고 있을까
나의 뒷모습에 저녁 일곱 시의 시곗바늘이 있을까
나의 뒷모습에 입영하는 Y의 군가가 들릴까
나의 뒷모습에 백합의 성혼선언문이 기록되어 있을까
나의 뒷모습에 아버지가 입었던 마고자가 널려 있을까
나의 뒷모습에 지아비의 근엄한 수염이 돋아 있을까
나의 뒷모습에 어머니가 이고 가신 저녁노을이 있을까

봄

너는 강물이 바다로 가는 시작점이다
내가 너에게로 가는 발원지다

너는 유월쯤에 팔월을 낳아야 하는 산모다
무역선의 첫 출항이고
이슬에 젖은 새벽이다
너는 꽃을 낳고
온몸에 태양이 돋아난 사월을 낳는다
봄은 돌도 춤을 추게 하는 축제다
너는 개구리 울음소리를 어루만지고
허기진 들고양이가 수염을 쓰다듬는
부처님의 미소 같은 오후다
너는 고로쇠나무의 흰 피를 돌게 하고
어미 가재가 새끼 가재를 데리고
여름을 찾는 여행이다

너는 나의 아픈 첫사랑을 치료해 주는
주술가다

비 오는 날 저녁에, 나는

빗방울이 유리창을 안고 운다
내 안의 기억들이 쏟아져 나온다

그 찰나에
잊고 살았던 열세 살의 나를 보았다
아버지의 헛기침 소리에
둥지의 새들이 날아가고
그 둥지에 어머니의 한숨이 고인다
70년대 새마을 길을 걷다가
머리에 기계충이 심한
동네의 갈참나무를 만났다
그는 검정 고무신을 신고
막걸리를 가득 채운 주전자를
들고 있었다
그 주전자 속엔 술 취한 아버지가
들어 있었고
찐 옥수수를 먹는 내가 보였다

지금은 모두가 사라진 시간이다

주전자도, 고무신도 없다
아버지는 몇 년째 보이지 않는다

겨울감자떡

검은 피부다

그 피부가 들판에 서 있는 어머니의 등껍질이다
어두운 항아리 속에서 떡꽃이 되려고
모든 번뇌를 지운다

그 꽃은 어머니가 걸어온 고행의 길이고
유년의 저녁연기 맛이다
가끔, 자정을 넘는 새벽이 있고
북천으로 가실 때 남겨둔 어머니의 발자국이다

오늘 저녁 일곱 시, 식탁에 피어오른 그 꽃,
머리에 동백기름을 바르고 단아하게 앉아 있다
갑자기 방안에 모향이 만개한 백합처럼 가득하다

■ 해설

객관적 시선과 관찰자적 서정자아

심은섭
(시인·문학평론가·가톨릭관동대학교 교수)

1. Prologue

시인은 시 쓰는 일에만 열중해서는 안 될 일이다. 무엇보다도 복잡 다변화의 사회에서 황폐해져 가는 현대인들이 정신세계를 풍요롭게 해줄 의무가 있다. 따라서 시인은 단순히 시를 쓰는 일이 목적이 되어서는 안 된다. 시는 모든 사람의 행동 변화를 끌어내는 마중물이어야 한다. 가령, 기쁜 사람들에게는 더 큰 기쁨을 줄 수 있는 시를 써야 하고, 슬픔 사람들에게는 슬픔을 덜어 줄 수 있는 시를 써야 한다. 부조리한 사회를 비판하거나 역사적인 인물을 예찬하는 시를 쓰는 것도 시인의 사회적 책무이며, 그 필연의 역할이다.

　허자경 시인의 시집 『0.5g의 영혼』에 실린 시편들은 대부분 시인의 일상 체험이거나 간접적인 체험을 재구성한 시다. 직접적이든 간접이든 삶의 체험을 이렇게 시의 모티브motive로 삼을 수 있었던 것은 허자경 시인의 생물학적 연륜과 다양한 경험에서 비롯된 것으로 유추해 볼 수 있다. 그러나 다양한 경험만으로 한 편의 시가 생산된다는 것은 매우 어려운 일이다. 왜냐하면 여러 가지 시론을 학습하고, 특별히 시인만이 가질 수 있는 직관直觀이나 언어 감각과 같은 일정 수준의 능력을 갖춰야 하기 때문이다.

　특히 감정이나 정서를 중히 여기며 시작詩作하는 서정시의 경우 감정만으로 시를 쓴다는 것은 분명히 한계가 있다. 그것은 감정이나 정서로 다수의 시를 써왔다 하더라도 그 시작품들은 제목만 다를 뿐, 동일한 맥락의 서정적 내용을 담고 있기 때문이다. 따라서 시인은 다양한 주제의 시를 써야 한다. 이런 염려스러운 군말을 꺼내며, 허자경 시인의 시집 『0.5g의 영혼』에 수록된 시편들을 읽어보았다. 먼저 소재의 다양성多樣性이 눈길을 끌었다. 시인이 유년 시절에 경험한 기억이거나 일상의 삶에서 얻은 깨달음, 성찰과 반성, 그리고 개인 상호 간에 단절된 현대사회의 문제점, '사랑'과 '증오'로 점철된 일상의 이야기, 삶에서 일어나는 숙명적 만남, 그리고 시인의 의지가 담긴 시작품들이 수록되어 있다. 그중에서 특별히 대표적인 시를 선정하여, 살펴보고자 한다.

2. 유년의 사실寫實 기억들

1990년에 노벨문학상을 수상한 옥타비오 파스는 그의 저서 『활과 리라』에서 "시는 어제와 오늘과 내일의 여기와 저기의, 너와 나와 그와 우리들의 순간적 화해다"라고 했다. 맞는 말이다. 옥타비오 파스가 앞에서 말한 것과 같이 허자경 시인도 유년의 기억을 되살리는 시를 쓰는 것은 '너와 나와 그와 우리들'과의 순간적 화해의 시도로 간주한다.

밤 열두 시,
아직도 전등이 켜 있는 집

전등을 켜 놓고
구멍 난 양말을 꿰매며
누구를 기다리는

저 여인은 누구일까

사랑방에 앉아
나의 젖은 영혼을 받칠
화문석 돗자리를 짜는
사내는 또 누구일까

새벽이 되어도
전등불을 끄지 못하는 집

　　　　　　　　　　-「4월의 반딧불」 전문

 밤 열두 시가 다 되도록 전등을 끄지 못하고, '새벽이 되어도 전등을 끄지 못하는 집'이 있다. 이 집은 허자경 시인과 어떤 연관성이 있을까. 또 자정이 되어도 귀가하지 않는 누군가를 기다리며, 구멍 난 양말을 꿰매는 저 여인은 또 누구일까. 어디 이뿐인가. '나의 젖은 영혼을 받칠/화문석 돗자리를 짜는/사내는 또 누구일까', 따라서 「4월의 반딧불」은 전형적인 한국 서민층의 한 가정을 연상케 하는 시다. 어머니(여인)는 아직 집에 들어오지 않는 자식을 기다리며, 내일 아침에 등교할 때 신고 갈 자식들의 구멍 난 양말을 수선하고, 아버지는 가족들이 깔고 누울 돗자리를 짜고 있다.

　언뜻 봐도 지난날 베이비붐Baby boom 세대인 허자경 시인이 경험한 유년의 기억이다. 이 「4월의 반딧불」을 읽어본 독자들이 경험한 그 기억이기도 하다. 이처럼 이 기억이 허자경 시인의 기억이 독자들의 기억이 될 수 있었던 것은 시인의 경험을 보편화했기 때문이다. 이처럼 시인은 자신의 경험을 지나치게 주관화하는 시를 쓰는 것을 경계해야 한다. 왜냐하면 시는 보편성을 띠어야 하기 때문이다. 그 보편성은 독자들이 자신의 처지로 받아들여 공감하게 만들고, 머릿속에 머물러 잊혀지지 않는 시로 태어나게 하는 요소다.

　우리 모두 주지하는 바와 같이 문학은 쾌락적快樂的 기능과 교시적敎示的 기능, 그리고 종합적 기능이 있다. 즉 독자들에게 정신적 즐거움과 미적 쾌감을 주는 쾌락적 기능이 있고, 독자들에게 교훈을 주고 인생의 진실을 보여주어 삶의 의미를 깨닫게 하는 교시적 기능이 있다. 그리고 독자에게 정신적 즐거움을 주는 동시에, 인생의 의미와 진실을 깨닫게 하는 종합적綜合的 기능이 있다. 이 「4월의 반딧불」은 쾌락적 기능과 교시적 기능을 모두 가지고 있는 종합적인 기능을 보여주는 시다.

이 「4월의 반딧불」은 한 가정을 지켜내려는 부모님의 하루 일과가 어떤 것인가를 감명 깊게 보여주며, 그것으로 다시 한 번 부모님을 생각하게 만드는 동인動因을 제공하기도 한다. 또 이 시를 읽는 독자들이 부모님의 치열한 삶의 의미를 되새기며, 독자 자신 또한 그렇게 내 자식을 위해 살아야겠다는 의지를 갖게 만드는 교훈적인 시다. 「4월의 반딧불」 또한 부모님의 쉴 틈도 없는 삶의 연속성 속에서 저녁 늦게 귀가하는 자식을 기다리는 정겨운 농촌 생활상을 언어로 형상화한 정겨운 시다.

>문고리마다 붉게 충혈된 눈물
>
>몇 장의 달력을 찢어 낸
>
>시간의 무게만큼
>
>허물어져 버린 부뚜막
>
>안방엔 어미의 야윈 울음소리가
>
>횃대에 걸려 있다
>
>모두가 떠나간 폐허의 운동장
>
>오늘따라
>
>소한의 푸른 눈이 가득한 마당
>
>눈꽃이 핀 무릎을 구부리고, 나는
>
>빈집을 바라보고 있다

- 「개복숭아꽃이 핀 빈집」 부분

　허자경 시인의 「개복숭아꽃이 핀 빈집」을 감상하다 보면 "시는 순간이지만 절대를 엿볼 수 있게 만드는 유일한 관점이다"라고 했던 옥타비오 파스의 말이 떠오른다. 이 「개복숭아꽃이 핀 빈집」에서 순간적으로 지난 유년의 실상들이 기억되고, 그 기억을 더듬어 그 당시의 정서를 엿볼 수 있게 된다. 즉 '허물어져 버린 부뚜막/안방엔 어미의 야윈 울음소리가/횃대에 걸려 있'다. 봄이 오면 으레 개복숭아꽃이 피는 지금의 그 집은 '모두가 떠나간 폐허의 운동장'이며, '소한의 푸른 눈이 가득한 마당'만이 덩그러니 남아 있는 공간이다. 오랜 세월이 지난 지금엔 성인이 되어 돌아와 '빈집을 바라보고 있다'라고 서정자아는 진술한다. 지금에 와서 빈집을 바라보는 사람들이 어디 서정자아 하나뿐이겠는가. 우리 모두의 이야기이며, 가슴에 켜켜이 쌓인 슬픈 기억이다.

　문학은 작가가 꾸며낸 세계이므로 현실 세계와 동일하지 않다. 그러나 시인은 현실 세계를 바탕으로 문학의 세계를 창조한다. 그래서 문학은 있음직한 사건을 언어로 형상화한 개연성의 세계이다. 따라서 「개복숭아꽃이 핀 빈집」도 허자경 시인이 직접적인 경험을 바탕으로 쓴 시인지, 아니면 간접적인 경험을 바탕으로 쓴 시인지, 그것은 허자경 시인 자신만이 아는 사실이다. 그런데 여기에서 중요한 사실은 「개복숭아꽃이 핀 빈집」도 개연성의 세계라는 점이다. 다시 말해서 우리들 주변에서 흔히 일어날 수 있는 일이라는 것이다. 그것이 「개복숭아꽃이 핀 빈집」을 개연성이 높은 시로 보는 이유다. 따라서 그 시를 읽어본 독자들로부터 큰 공감을 얻는 시로 평가받게 된다.

3. 성찰과 반성, 그리고 의지

인간의 조건은 성찰과 반성을 하는 것이다. 성찰의 시는 내면의 부끄러움에 대해 반성하는 시다. 시인이 시를 통해 반성하고 성찰하려는 목적은 시인 자신의 과거를 뒤돌아보며 부끄러움과 고백을 마주하고, 그것을 통해 내면을 정화하려는 데 있다. 허자경 시인의 『0.5g의 영혼』에 수록된 시편들은 단순히 개인적인 반성의 기록을 넘어, 보편적인 인간 본성에 대한 깊은 통찰을 권유한다.

마트에서 저울 하나 샀다

침묵이 1만 톤인 대관령
청빈이 2만 톤인 금강산
인내가 3만 톤인 울산바위
사랑이 4만 톤인 견우

영혼이 0.5g인 어떤 여자

-「0.5g의 영혼」 전문

    예시의 「0.5g의 영혼」은 이번에 상재하는 허자경 시인의 세 번째 시집 제목이기도 하다. '영혼'은 추상적인 개념으로, 계량화할 수 없다. 그러나 이처럼 계량화할 수 있는 것은 시인이 가질 수 있는 특권이다. 따라서 시인은 자신의 영혼을 저울에 달아보았더니 0.5g밖에 되지 않는다고 성찰한다. 그 0.5g이 실제로 다량多量인지, 소량小量인지 독자들이 스스로 비교할 수 있도록 '대관령 침묵이 1만 톤'이고, '금강산의 청빈은 2만 톤'이며, '울산바위의 인내는 3만 톤'이라고 대조법을 사용하여 그 성찰의 의미를 부각한다. 또 '견우의 사랑은 4만 톤'이라고 제시하고 난 뒤 자신의 '영혼은 0.5g'이라며, 한껏 자세를 낮추어, 독자들에게도 일상생활에서 겸손할 것을 권유하고 있다.

허자경 시인은 성찰의 방법을 적극적으로 권유하는 형식으로 독자들에게 다가가지 않는다. 원관념을 보조관념에 빗대거나 대조對照하여 스스로 자각自覺하도록 한다. 과거의 경험에서 배운 것을 분석하고, 현재 상황에서 문제점을 인식하며, 미래의 행동 계획을 세우는 등의 내적인 고찰을 통해 자기 삶에 대해 깊이 있는 통찰력insight을 얻도록 한다. 그래서 옥타비오 파스는 "시는 앎이고 구원이며 힘이고 포기다"라고 했다. 현대의 무질서한 사회, 물질만능주의에 예속되거나 개인주의에 편협한 현대인의 삶을 구원하거나 독자가 성찰에 능동적으로 개입할 기회를 제공하는 시세계를 나타내는 일이 어쩌면 허자경 시인의 시를 쓰는 궁극적인 목적이 아닌가라는 생각이 든다.

> 그는 푸른 영혼을 위해
> 등을 태우는 태양이 필요했다
> 한낮의 잎사귀가 혼절해야
> 명품이 된다
> 꽃의 웃음소리도 있어야 하고
> 달빛 한 그릇도 필요하다
> 산제비나비도 날아들어야 하고

열대야, 그리고

양철지붕을 두드리는 우박들

한 됫박의 번개와 천둥소리,

앵두빛 몇 개의 사랑과

서너 개의 이별이 필요하다

머리채 휘감으며 싸우는 날도

악수하는 날도 있어야 한다

− 「겨울수박」 부분

　이 「겨울수박」도 「0.5g의 영혼」과 마찬가지로 성찰과 반성의 시라는 맥을 같이 하지만, 이 「겨울수박」은 앞의 「0.5g의 영혼」에 비해 시적 자아의 의지가 하나 더 드러난 시로 보는 것이 타당하다. 수박이라는 과일은 한여름에 출하되는 것이 일반 상식이다. 그런데 위의 예시는 '겨울수박'이다. 이 '겨울수박'이라는 제목에서 이목耳目을 끌 수 있는 낯섦이 있다. 이 '겨울수박'이 푸른 영혼을 가지려면 조건이 있다. 그 조건은 태양에 등을 태워야 하고, 그 뜨거운 태양열에 잎사귀가 혼절해야 명품이 된다는 것이다.

　세상에는 공짜가 없다는 유행어처럼 여름에 출하되는 수박이 아니라 한겨울에 출하되려면 악조건 속에서 더욱 혹독한 시련을 겪어야 명품이 된다고 허자경 시인은 진술하고 있다. 명품의 수박이 되기 위해서는 고통과 시련을 극복하는 일 외에도 '꽃의 웃음소리'나 '달빛 한 그릇', '몇 개의 앵두빛 사랑'도 있어야 한다고 진술한다. 최고의 자리에 오르려면 어떤 시련도 극복해야 하지만 인간미도 갖춰야 한다는 것이다. 그래서 허자경 시인이 독자들에게 들려주는 진술은 '명품수박'이 되는 조건으로 '산제비도 날아'들게 하는 포용성과 '양철지붕을 두드리는 우박'의 폭력성도 용서해야 한다는 것이다.

허자경 시인은 자연의 이치와 인간과의 관계 설정을 연계하여 성찰과 반성을 시도한다. 허자경 시인은 「고로쇠나무의 수액」에서 고로쇠수액을 '흰 피'와 '어머니의 초유', 그리고 '아침을 불러오는 어머니의/찬란한 눈물'로 보았다. 그 어머니의 찬란한 눈물을 받아 마심으로써 비로소 허자경 시인은 '4월로 자랄 수 있었'던 것이다. 허자경 시인이 자연을 인간 아래에 두는 시의식을 가졌다면 고로쇠나무의 수액을 보고 성찰하는 시를 출하시킬 수가 없다. 이처럼 허자경 시인이 지닌 시의식은 우리들 역시 성찰과 반성의 계기로 삼도록 간접적으로 요구하는 주문이다.

돌 위에서 살아나야겠다고

두 다리를 버티고 있다

돌 위의 소슬바람 소리에도
공포를 느끼며
얼마나 오금이 저렸을까

천 길 낭떠러지를 안고
사는 하루, 아니다
삼백예순날이 흰 불안이다

태풍에 꺾여도
천둥소리에 정신을 잃어도
너가 눈물을 흘리는 것을,

나는 본 적이 없다
너는 나의 진정한 랍비다

- 「베란다의 소엽란」 전문

  위의 예시 「베란다의 소엽란」을 통해 허자경 시인이 자연에서 얻은 교훈은 '돌 위에서 살아나야겠다고/두 다리를 버티고 있'는 일이며, '돌 위의 소슬바람 소리에도/공포를 느끼며/ 얼마나 오금이 저'리는 시련 속에서도 '눈물'을 함부로 흘리지 말아야 하는 것이다. 평범한 삶으로는 어떤 경우라도 무엇 하나 이룰 수 없다는 것을 은연중에 내비치고 있다. 우리들의 일상 공간에서 함께 자라는 베란다의 소엽란을 통해 허자경 시인은 성찰과 의지를 동시에 드러낸다. 이 소엽란 역시 차마 이겨내지 못할 시련을 겪으면서도 헛되고 값싼 눈물을 흘리는 것을 보지 못한 허자경 시인은 '너는 나의 진정한 랍비'로 단정한다. 무엇보다도 나약한 의지를 지닌 현대인들에게 「베란다의 소엽란」을 통해 강한 의지를 심어 주기도 하지만, 한낱 식물에 불과한 '소엽란'을 통해 어떤 시련이 닥쳐오더라도 그것을 극복하자는 메시지를 강렬한 어조로 우리에게 던지고 있다.

4. 단절된 현대사회에 일갈—喝

 이번에 출간하는 허자경 시인의 시집 『0.5g의 영혼』에 수록된 여러 시편 중에서 주거환경의 폐쇄적인 문제점과 극도로 심각한 경쟁사회가 가져다준 단절된 현대사회를 비판하는 시작품들이 눈에 띄었다. 일반적으로 전통적인 서정시와 현대시, 즉 모더니즘

시나 포스트모더니즘 시, 그리고 아방가르드의 시를 구별하는 요소 중의 하나가 서정시는 자아와 세계가 하나가 되는 동일성 원리라는 화해의 기능을 가지고 있는 것이다. 반면에 현대시는 자아와 세계가 대립하는 비판적 기능을 가지고 있다는 차이점이 있다. 그런 명제를 두고 허자경 시인의 시적 경향은 서정적 모더니즘의 시를 추구한다. 따라서 내용은 주정시이지만, 기법은 주지시의 이미지화 방법을 취하고 있다.

> 우두커니 서 있는 회색빛 거인의
> 창문이 나를 바라본다
>
> 복도 끝 이웃의 얼굴은 낯설고
> 눈길이 마주칠 때면 서로
> 비에 젖은 갈대 같은 고독을 은닉한다
> 총알도 들어올 수 없는 벽
> 어두움도 나갈 수 없는 감옥이다
>
> 가끔 고요가 습관처럼 스며들어
> 내가 마른 명태처럼 살아간다
>
> 창문 하나에 불빛도 하나,

간간이 들려오는 TV의 목소리

나도 허공의 외기러기다

그 벽으로 사람들은 섬이 되고

바람에 찢기는 깃발이 된다

– 「거인 아파트」 부분

 어떤 도시이든 간에 현대성modernity을 가진 주거 형태가 아파트이다. 안전성과 편리성, 그리고 첨단화 기능을 갖춘 생활공간으로 모든 사람이 소유하고 싶은 로망의 부동산이다. 그러나 편리성의 장점이 있지만 이웃과 소통이 되지 않는 단절의 문화가 사회문제로 대두되고 있다. 거기에다가 아파트는 개인주의의 산지産地이고, 공동체적 인식이 실종되어 인류 보편적 가치가 무너지는 현실의 주범으로 자리 잡고 있다. 이런 문제점을 허자경 시인은 그냥 지나치지 않고 순간적으로 포착하여 사회 이슈화하고 있다.

 아파트는 '회색빛 거인'이다. 허자경 시인은 이 '회색빛 아파트'의 단절된 주거환경이 '비에 젖은 갈대 같은 고독을 은닉'하기도 하지만 '총알도 들어올 수 없는 벽/어두움도 나갈 수 없는 감옥'으로 귀결하고 있다. 고독사의 주범도 이웃과의 단절이 주된 요인이다. 그 아파트에 여러 가족이 함께 기거한다면 즐거운 삶을 영위하는 공간이 되겠지만 홀로 사는 독신자들은 은닉된 고독과 늘 함께 사는 고통의 공간이다. 그러므로 이 고독은 하나밖에 없는 생명을 죽음으로 내몰아가는 악령이다. 이러한 문제를 지적하며, 독자들을 환기하는 시가 「거인 아파트」이다.

> 북방물개들이 바윗돌에 울음을
> 새겨 놓고 돌아간다
> 파도가 밀려와 그 울음소리를
> 쓸어버린다 그때,
> 천둥번개가 검푸른 파도를 향해
> 멈추라고 소리친다
>
> 해안에 테트라포드가 두 발로
> 버티고 서 있다
> 날마다 파도가 밀어내도
> 어떤 미동도 없다
> 한낮에
> 별이 떨어져 죽었다는 풍문이 돌았다
>
> 한낮이 어둡다
>
> — 「너울파도」 부분

허자경 시인은 「거인 아파트」에서 사람과 사람 사이, 이웃과 이웃 사이, 친척과 친척 사이가 급진적으로 단절되어 가는 과정을 비판하였다면, 「너울파도」는 약자, 또는 서민층의 애환과 고충을 헤아리지 못하는 사회를 비판한 시이다. 삶에 지친 '북방물개들이 바윗돌에 울음을/새겨 놓고 돌아'가지만 '파도가 밀려와 그 울음소리를/쓸어버린다'고 심정을 드러낸다. 이것은 기득권 세력과 힘이 있는 자들의 폭력성을 비판하는 의미가 담긴 시행詩行이다. 힘을 가진 자들의 폭력성은 어제오늘의 문제가 아니지만, 허자경 시인은 이런 사회적 문제 해결에 일조하고자 비판적인 시를 쓰는 것 같다.

　비판의 시는 단순히 비판에 그쳐서는 안 된다. 한 편의 시로 투명한 사회를 만들어보자는 뜻을 담아야 한다. 우리들은 이런 비판의 형태를 건전한 비판이라고 말한다. 이에 허자경 시인도 부조리한 사회를 보고 그냥 지나치지 않는다. 어쩌면 이런 비판적인 시의식을 가지는 그 자체가 시인의 사회적 기능을 다하고 있다는 방증이라 할 수 있다. 시인은 시를 쓰는 그 자체가 소임을 다한다고 말한다면 받아들이기가 매우 곤란하다. 왜냐하면 한 편의 시로 부조리한 사회의 정화 작업에 동참하는 일이 시인의 역할이기 때문이다.

허자경 시인은 「너울파도」 4연에서 '해안에 테트라포드가 두 발로/버티고 서 있다/날마다 파도가 밀어내도/어떤 미동도 없다/한낮에/별이 떨어져 죽었다는 풍문이 돌았다'고 진술한다. '파도'라는 세력이 '테트라포드'라는 새로운 세력을 밀어내는 양상을 보이는 시구이다. 거대한 두 개의 세력 다툼에 결국 '한낮에/별이 떨어져 죽었다'는 표현으로 힘없는 서민들을 죽음으로 내모는 사회에 대한 비판이다. 고래 싸움에 새우 등이 터진다는 속담처럼 치열한 패권 경쟁에 늘 상처를 입는 쪽은 서민들이다. 거대한 집단들이 세력화하는 목적은 늘 약자를 보호한다는 명분을 내세운다. 그러나 어느 정도 세력화가 되면 오히려 서민들을 강압적으로 지배하는 결과를 낳는다. 우리들은 이런 문제점을 지적하고 비판하는 시인이 되어야 하고, 허자경 시인 역시 그러한 시인의 사회적 활동에 잠여하고 있다.

5. 일상의 사물에 대한 투사投射

허자경 시인이 일상에서 일어나는 삶의 문제들을 시로 승화시키는 작품 활동의 모습도 눈에 띈다. 시인은 일반적인 시선으로 사물을 바라보아서는 안 된다. 왜냐하면 시인이기 때문이다. 그러면 시인은 무엇인가. 시인은 시인 그 자체가 시이다. 즉 시인이 시詩이고, 시가 시인이다. 시인이 사물을 관찰할 때 일반적이거나 논리적, 또는 과학적인 시선으로 봐서는 안 된다. 사물을 문학적인 시선으로 바라보아야 한다. 동시에 새로운 세계나 미지의 세계를 발견하는 상상력을 가져야 한다. 왜냐하면 보통 사람들의 시선으로 사물을 관찰한다면 그 사물에서 어떠한 의미도 발견하지 못하기 때문이다.

> 너는 내 손이 닿을 때마다/내 손을 빠져나가려는 몸부림의 여자//너는 내 눈빛이 닿을 때마다/나를 외면하는 푸른 눈을 가진 이방인//하지만//만질 때마다 소리 없이 작아지지만/너는//나의 오염된 영혼을 하얗게 씻어주고/어디론가 사라진다//산다는 것은/하얗게 사라지는 일//이젠, 나에게로 다가와서 사라지려는/나를 안아다오
>
> -「똥비누」전문

허자경 시인은 일상에서 사용하는 '똥비누'를 '너는 내 손이 닿을 때마다/내 손을 빠져나가려는 몸부

림의 여자'로 치환한다. 그뿐만 아니라 '너는 내 눈빛이 닿을 때마다/나를 외면하는 푸른 눈을 가진 이방인'인 것도 발견한다. 일상에서 사용하는 사소한 한 장의 '똥비누'이지만 시인의 눈엔 '몸부림치는 여자'와 '푸른 눈을 가진 이방인'이라는 새로운 세계로 보인다. 시인의 시선엔 보이는 것만으로 끝나서는 안 된다. '만질 때마다 소리 없이 작아지지만/너는//나의 오염된 영혼을 하얗게 씻어주고/어디론가 사라진다'는 진술처럼 어떤 의미를 구현해야 한다. 이 표현을 사자성어로 요약해 보면 '살신성인殺身成仁'이다. 이렇듯 시인은 보이는 것을 언어로 형상화하여, 독자들에게 새로운 인식을 갖도록 주선해야 한다.

'똥비누'는 오직 인간을 위해 몸을 사른다. 그가 몸을 사른다는 것은 소멸이고, 이 소멸은 '죽음'으로 환기된다. 그래서 허자경 시인은 '산다는 것은/하얗게 사라지는 일'이라며, 필연적으로 사라질 숙명적인 '나에게로 다가와서 사라지려는/나를 안아' 달라고 청유한다. 이렇게 시인은 일상의 사물에서 특별한 것을 발견하는 습관을 지녀야 하고, 인간 삶에 새로운 변화를 줄 수 있는 시를 창작해야 한다.

시래기를 처음 보았을 때

베란다에 매달려

허기를 잊은 불로초다

아니다

푸른 영혼이 눈부신

신神의 몸이다

수분을 가득 머금은 나는

좀처럼,

매매되지 않는 묵나물이다

- 「묵나물이다 나는」 부분

시인은 견자見者이다. 즉 시인은 비가시적인 것도 그 '무엇'이라고 찾아내는 견자여야 한다. 한 여름날 뙤약볕에서 몸을 태운 무청이 시래기로 전이轉移된다. 허자경 시인은 일상에서 음식 재료로 사용되는 시래기를 '불로초'와 '신神의 몸'으로 인식한다. '불로초'가 되고 '신의 몸'이 된 시래기는 불티나게 팔리기 마련이다. 시인은 시래기에 자신을 비교하며, '나는 무엇인가'라며 성찰의 모습을 드러낸다.

허자경 시인의 「새벽시장」을 보면 일상의 삶에서 주제를 찾는다는 것을 알 수 있다. 새벽시장은 그야말로 서민들의 삶을 가늠하는 척도다. 인간이 살아있음을 증명하는 현장이며, 희망과 하루 일과가 열리는 출발start의 의미가 있는 공간이기도 하다. 이처럼 작은 사물이나 사소한 현상이라도 소홀히 넘기지 않는 허자경 시인이다.

「똥비누」나 「새벽시장」, 「어판장의 소묘」, 「원형나사못」, 「은행나무도마」, 「주연배우의 양념들」, 「홍시」 등이 허자경 시인이 일상에서 건져 올린 주제(소재)로 쓴 시이다. 따라서 시인은 새로운 세계를 인식하는 직관의 견자voyant가 되어야 한다. 즉 견자의 눈을 가져야 한다. 견자의 눈은 시인을 견고하게 만든다. 숲 속에 숨어 눈을 감고도 사냥에 성공하는 사냥꾼이어야 한다. 노련한 사냥꾼은 단 한 방의 방아쇠로 목적물을 포획하듯이 시인도 사물이 숨기고 있는 이미지와 의미를 포착할 때 성공한다.

세상은 온통 비밀번호로 잠겨있다. 이런 암호화된 세상의 비밀번호를 시인은 알아내어 그 세상을 풀어내는 견자가 되어야 한다. 심지어 어둠 속에 웅크리고 앉아 있는 '나'를 찾아내는 특별한 직관을 가져야 한다. 시인은 발견하고, 그 발견한 의미를 회생시키는 창조자이기 때문이다.

6. 숙명적인 필연의 관계

시인이 되는 일이 숙명적인 것일까, 아니면 운명적인 것일까. 숙명은 피할 수 없는 일이고, 운명은 개척이 가능한 영역이다. 시인이 된 배경을 두고 '숙명'이거나 아니면 '운명' 때문이라고 천편일률적으로 말할 수는 없다. 자신이 시인이 된 것에 대해 숙명적으로 받아들이는 시인이 있는가 하면 운명적으로 받아들이는 시인도 있다. 숙명이냐 운명이냐 하는 것은 그 시인이 결정할 몫이다. 다만 허자경 시인이 시인이 된 것에 대해 '숙명적이냐', 아니면, '운명적이냐'라는 질문에 전자前者에 해당한다고 말할 수 있다.『0.5g의 영혼』에 수록된 여러 시편에서 그것을 확인할 수 있다.

돈다는 것은 나의 천형이다
돌아야 한다
그러므로

누구든 내 몸을 마음껏
채찍을 해 다오
차디찬 고통이 없이는
돌 수도, 일어날 수도

없는

나는 돌고 또 돌아야 한다
어떠한 채찍도
어떤 절벽을 걸을지라도
돌아야 한다

그러할 때 나는 완성된다
― 「나무팽이의 꿈」 전문

　허자경 시인은 '나무팽이'에 자신의 감정이나 정서를 이입하여 그의 심상을 드러낸다. 1연에서 팽이가 돈다는 것은 천형天刑이라고 했다. 천형은 개척할 수 없는 숙명이다. 무조건 따라야 하는 필연이다. 선택의 여지가 없다. 팽이의 천형은 도는 일이다. 그것도 그냥 돌아서는 안 된다. 채찍을 맞으며 돌아야 한다. 이것은 고통을 고통으로 이겨내려는 자기 다짐이다. 쟁기는 망치로 두들겨 맞을 때 필요한 농기구가 된다. 그래서 시인은 말한다. '누구든 내 몸을 마음껏/채찍질해다오/차디찬 고통이 없이는/돌 수도, 일어날 수도/없'다고 말한다. 또한 허자경 시인은 '나는 돌고 또 돌아야 한다/어떠한 채찍도/어떤 절벽을 걸을지라도/돌아야 한다'고 그 심정을 털어놓는다. 그렇게 해야만 하는 진정한 이유는 무엇일까. '그러할 때 내가 완성'되기 때문이다.

앞에서 허자경 시인은 시인이 된 배경을 숙명이라고 했다. 그러므로 이 숙명적인 업業에서 벗어나려고 시를 쓴다. 그가 시를 쓴다는 것은 곧 자기완성을 이루는 일이다. 결론적으로 말하자면 허자경 시인이 이처럼 시인이 된 것도, 또한 시를 쓰는 것도 '자기완성'에 목적을 두고 있다. 그는 한 인간으로서, 한 시인으로서 완성되기 위해 시를 쓴다. 이러한 근거는 그가 진술했던 「나무팽이의 꿈」에서 뿐만 아니라 「손지압기」에서도 일맥상통한 시의식을 확인할 수가 있다.

    그의 고통은 나의 안락이다 그의 바늘은
    바늘이 아니다

    그것은 내 몸속 어둠을 몰아내는 진압군,
    나를 지키려는 날카로운 눈빛들,

    빙하보다 차갑다
    그러나 그가 지나가면 내 몸에 봄이 오고

저물었던 나의 웃음이 스스로 피어난다

오늘도 나는 그의 온몸을 조인다

그의 온몸을 조일수록 내 몸의 흰 피는

영혼을 닦으며 노래를 부른다

― 「손지압기」 부분

　이 「손지압기」에서 '손지압기'가 '허자경 시인'이고 '허자경 시인'이 '손지압기'다. 그래서 '그의 고통은 나의 안락이다.', 즉 '그의 고통'이 '나의 안락'이 되고, '나의 안락'이 '그의 고통'이 되는 상호텍스트성 Intertextuality을 가진다. 그러므로 '그의 바늘은/바늘이 아니다.', 이 바늘은 오히려 '내 몸속 어둠을 몰아내는 진압군'이 되기도 하고, '나를 지키려는 날카로운 눈빛'이 된다. 이것은 '내'가 '나'를 보호하기 위해 스스로 고통을 감내해야 한다는 역설적 피력이다. 허자경 시인 자신이 스스로 '나'에게 고통을 안길 때, '내 몸에 봄이 오고', '저물었던 나의 웃음이 스스로 피어난다'라고 한다. 그래서 내 몸을 내가 조일수록 '영혼을 닦으며 노래를 부른다'. 이것은 자기학대를 벗어난 '완전한 시인'이 되기 위한 자기 단련이다.

　시인은 언어의 고통을 스스로 즐겨야 한다. 언어의

고통을 회피하려는 시인은 시인이라고 말할 수 없다. 왜냐하면 언어의 고통은 시인에게는 피할 수 없는 숙명적인 것이며, 시인은 언어의 고통을 즐기는 언어의 연금술사이기 때문이다. 그래서 시인은 시와 운명적인 만남이 되어서는 안 되며, 숙명적인 만남이 되어야 한다는 이유가 바로 여기에 있는 것이다.

　허자경 시인은 자신이 숙명적으로 시인이 되었다는 사실을 한두 편의 시를 통해 말하지 않는다. 예시로 삼은 「나무팽이의 꿈」과 「손지압기」 외에도 「지천명 커피포트」, 「치매의 강」, 「평원동 노파의 손」, 「허씨의 고독을 보았다」도 같은 맥락의 숙명적 양상을 보이는 시로 구분 지을 수 있다.

7. Epilogue

　허자경 시인의 세 번째 시집 『0.5g의 영혼』에 실린 시는 전통적인 서정시와 모더니즘의 시가 혼재되어 있었다. 모더니즘의 시는 전통시의 낡은 방법을 일체 불허하는 경향을 가진다. 그러므로 전통적인 서정시와 모더니즘의 시는 지향점이 다른 상반된 시의 유전자를 각각 지니고 있다. 극단적인 말로 표현하면 상호 대척점을 이루는 관계다. 서로 지향점이 다른 두 경향의 시를 쓴다는 것은 매우 이례적인 일이다. 그럼에도 불구하고 경향을 달리하는 두 개의 부류가 시집 속에 공존하고 있다는 것도 아이러니한 현상이 아닐 수 없다.

이런 현상이 가능한 것은 허자경 시인의 시세계가 전통적인 서정시에서 모더니즘의 시로 넘어가는 과도기에 해당하기 때문이다. 이런 과도기적인 현상은 향후 네 번째 시집이 출간될 즘에 낭만주의에서 완전히 벗어난 모더니즘의 시세계로 정착되어 있으리라 조심스레 점쳐본다. 이런 예상이 실현 가능성이 있는 것은 허자경 시인의 시적 사유의 전환 속도가 매우 빠르며, 이 같은 추세라면 실현 가능성이 커 보이기 때문이다.

각종 문예지의 신작으로 발표되는 수많은 작품 중에서는 머리로 쓴 시와 가슴으로 쓴 시가 있다. 시는 가슴으로 써야 한다. 머리로 쓴 시는 감동을 줄 수가 없다. 감동을 줄 수 없다는 것은 공감을 얻지 못한다는 애기와 다를 바 없다. 그 반면에 가슴으로 쓴 시는 독자들을 감동의 도가니로 몰아넣는다. 이것이 가슴으로 시를 써야 하는 이유다. 그것은 곧 사물을 관찰할 때 가슴(마음)으로 바라보라는 뜻이다. 가슴이 아닌 다른 신체의 기능으로 시적 대상을 바라봐서는 허접한 진리조차 찾아낼 수가 없다.

　이에 허자경 시인은 가슴으로 사물을 바라보고, 그 사물에서 찾아낸 진리를 다시 가슴으로 쓴다. 이런 시적 태도가 긍정적인 요소로 작용하는 동인動因이다. 이것이 허자경 시인이 향후 시 쓰기 작업에서 지속적으로 적용하고 확장해야 할 부분이다.

　어떤 시인이든 타인의 마음을 움직이어야 한다는 것이 그리 쉬운 일이 아니라는 것을 안다. 그것도 언변이 아니라 언어로 독자의 마음을 뒤흔들어 놓아야 하는 일은 참으로 어려운 일이다. 그런 어려운 시 쓰기 작업을 지금까지 꾸준히 이어오는 허자경 시인이다. 이러한 점이 그가 긍정적으로 평가를 받는 부분이다.

　끝으로 문학은 허구다. 그 허구 속에서 허자경 시인은 부단히 진리를 찾아 나서는 시적 태도를 보인다. 또한 대상이 함의含意하고 있는 세계를 현란한 기교가 아니라 가슴으로 담담하게 풀어내는 방식으로 시를 쓴다. 그런 까닭에 허자경 시인의 시작품이 담백하다고 말할 수 있는 까닭이다. 세 번째 시집 『0.5g의 영혼』 발간을 축하한다.